kip

курица

haan

петух

kuiken

цыпленок

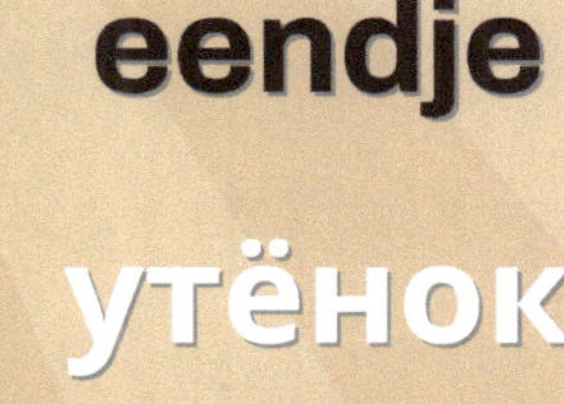

eendje

утёнок

kalkoen

индюк

ezel

осёл

zwaan

лебедь

kikker

лягушка

wasbeer

енот

beer

медведь

eekhoorn

белка

vlieg

муха

lieveheersbeestje

божья коровка

worm

червь

slak

улитка

naaktslak

слизняк

bij

пчела

spin

паук

kever

жук

libel

стрекоза

leeuw

лев

zebra

зебра

giraffe

жираф

neushoorn

носорог

slang

змея

mug

комар

zeeschildpad

морская черепаха

nijlpaard

бегемот

alligator

аллигатор

krokodil

крокодил

haai

акула

walrus

морж

pinguïn

пингвин

ijsbeer

белый медведь

zeehond

тюлень

zeester

морская звезда

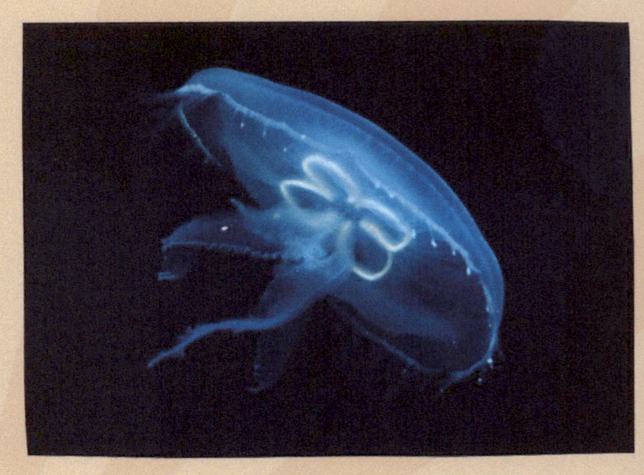

kwal

медуза

schelpen

ракушки

veer

перо

11

elf

12

twaalf

13

dertien

14

veertien

15

vijftien

пятнадцать

16

zestien

шестнадцать

17

zeventien

семнадцать

18

achttien

восемнадцать

19

negentien

девятнадцать

20

twintig

двадцать

ovaal

овал

сердце

стрелка

halve maan

полумесяц

boog

кривая

spiraal

спираль

kruis

крест

zigzag

зигзаг

regenboog

радуга

donkere kleuren

тёмные цвета

lichte kleuren

светлые цвета

stippen

точки

lijn

линия

kort

короткий

lang

высокий

een beetje

немного

heel veel

много

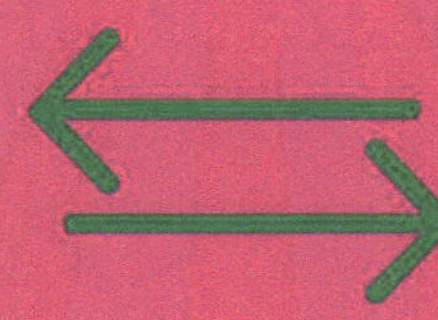 

vol

полный

leeg

пустой

gekruld haar

кудрявые волосы

stijl haar

прямые волосы

accepteren

принять

weigeren

отказать

identiek

одинаковый

verschillend

разный

droog

сухой

nat

мокрый

speelgoed

игрушки

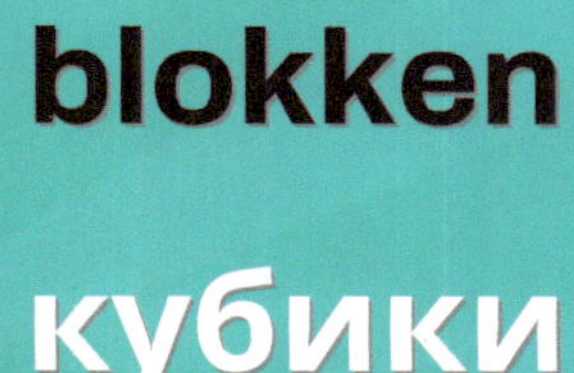

blokken

кубики

bal

мяч

robots

роботы

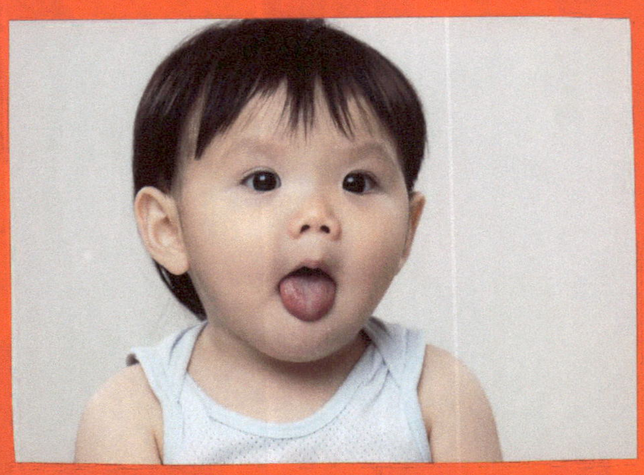

tong

язык

neus

нос

haar

волосы

snor

усы

vingers

пальцы

arm

рука

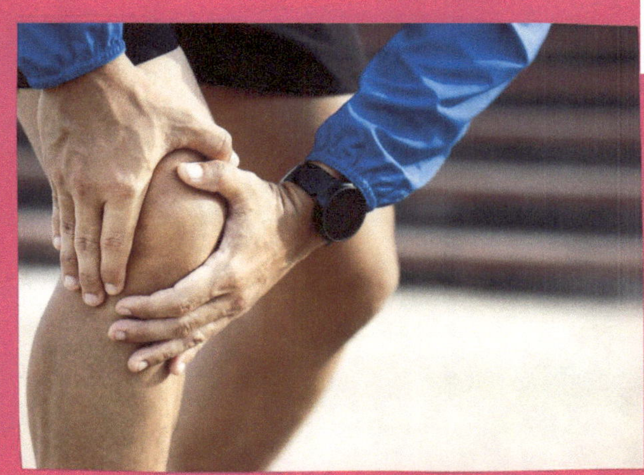

knie

колено

elleboog

локоть

glimlachen

улыбаться

kus

поцелуй

huilen

плакать

pijn

боль

lichaam

тело

speen

соска

rug

спина

kinderstoeltje

стульчик для кормления

zeep

мыло

tandenborstel

зубная щетка

handdoek

полотенце

potje

горшок

ring

кольцо

armband

браслет

halsketting

ожерелье

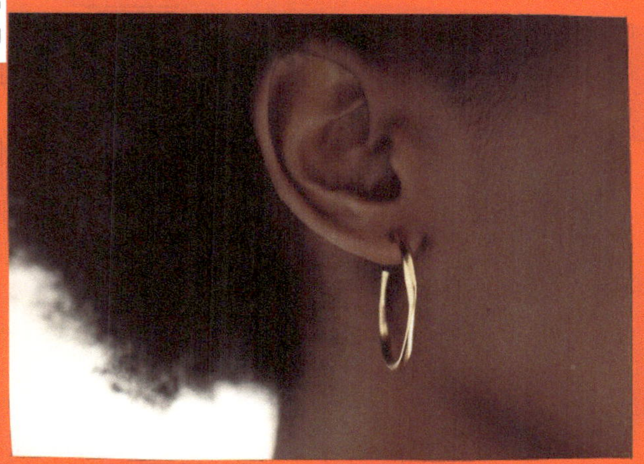

oorbel

серьга

chocolade

шоколад

popcorn

попкорн

jam

джем

geroosterd brood

тост

honing

мёд

boter

масло

brood

хлеб

ijsje

мороженое

griesmeel

манная крупа

rijst

рис

pasta

макароны

soep

суп

melk

молоко

water

вода

sap

сок

kiwi

киви

framboos

малина

grapefruit

грейпфрут

meloen

дыня

pruim

слива

abrikoos

абрикос

granaatappel

гранат

vijg

инжир

bosbes

черника

veenbes

клюква

kaki

хурма

lychee

личи

fruit

фрукты

groenten

овощи

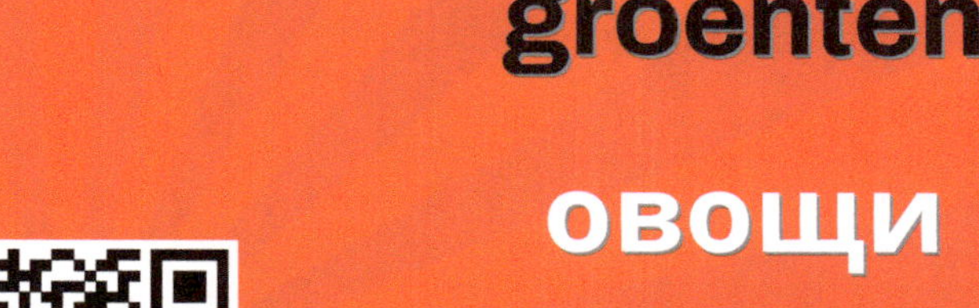

avocado

авокадо

sperzieboon

зеленая фасоль

broccoli

брокколи

aubergine

баклажан

erwten

горох

paprika

болгарский перец

biet

свекла

sla

салат-латук

andijvie

эндивий

artisjok

артишок

prei

лук-порей

ui

лук

knoflook

чеснок

gember

имбирь

walnoten

грецкие орехи

amandel

миндаль

pistache

фисташки

cashewnoot

кешью

9 791041 709212